LA
RÉPUBLIQUE
DE SAINT-MARIN.

M. de Marescalchi.

— Sire, que ferons-nous de la république de Saint-Marin ?

— Ma foi ! conservons-la, ne fut-ce que comme un échantillon de république.

NAPOLÉON.

Prix : 25 centimes.

PARIS,

BARBA,
4 BIS, RUE DE LA PAIX.

GARNOT,
7, RUE PAVÉE-SAINT-ANDRÉ.

1848

Imprimerie de RAYNAL, à Rambouillet.

LA RÉPUBLIQUE
DE SAINT-MARIN,

N'en déplaise à ceux qué, fort improprement, on appelait autrefois des esprits forts, parmi toutes les républiques qui ont existé sur la surface du globe, il n'en est pas une seule qui ait égalé en durée celle qui dut sa fondation au saint personnage dont elle a conservé le nom : la république de Saint-Marin. Humble roseau, elle a constamment plié sans rompre jamais ; et combien, depuis sa naissance jusqu'à nos jours, n'a-t-elle pas vu de chênes superbes humilier, dans la poussière, l'orgueil de leur front ! Si la république de Saint-Marin n'existait pas, on voudrait l'avoir inventée, comme une de ces idéalités morales qu'enfante le génie des poëtes, qui mirent la truelle à la main de Fénélon, pour construire la ville de Sallente, et inspirèrent à Montesquieu l'*Histoire des Troglodytes*. Les fictions, filles du ciel, ont toujours du charme pour les âmes privilégiées ; elles les consolent des tristes réalités de la terre ; mais combien ce charme devient encore plus grand quand, par hasard, il émane de la vérité ! Il n'y a rien pour l'âme dans le spectacle des grandeurs heureuses, des ambitions couronnées ; rien non plus dans le fracas des grandes républiques conquérantes, dans le tumulte de la place publique, où les ambitieux déchirent la patrie en se disputant les lambeaux du pouvoir ; mais on ne se défend pas contre une certaine émotion, que Montaigne aurait appelée plantureuse, à l'aspect de ces existences calmes, se complaisant en elles-mêmes, bien rares parmi les hommes les mieux dotés de la nature, et dont la république de Saint Marin présente le seul exemple collectif qui soit au monde.

Comparez : la fière dominatrice du monde, la république romaine, ne compta pas tout à fait six siècles d'existence ; elle les passa au milieu de troubles et de convulsions populaires, tandis que la république de Saint-Marin fait remonter son origine à plus de quinze siècles, sans qu'aucune agitation soit venue troubler son repos. Cependant, comme nous le dirons plus tard, elle aussi, pendant le cours de sa longue et paisible existence, elle faillit succomber à des velléités ambitieuses, en devenant conquérante. Pardonnons-le lui, cela ne lui arriva qu'une fois.

C'était vers la fin du IIIe siècle ; car l'histoire ne nous en a pas conservé la date précise ; un •pauvre maçon dalmate, déjà chargé d'ans, et vieilli plus encore par le travail, se promenait un jour sur les bords de l'Adriatique , élevant son âme vers Dieu, et lui demandant, avec une sainte ferveur, la rémission de ses péchés. Il marchait lentement sous les rayons d'un soleil brûlant, lorsque, succombant à la fatigue, il se coucha sur la plage, et ne tarda pas à s'endormir, bercé par le bruit monotone des flots de la mer. Le pauvre maçon avait nom Marin.

Pendant son sommeil, Marin eut une vision. Un ange , sous les traits d'une belle femme, lui apparut en songe et lui dit :

« Tu seras le fondateur d'un empire qui surpassera en durée tous ceux que le soleil éclaire ! » La vision disparut, et Marin se réveilla au milieu d'une profonde obscurité qu'illuminaient, par intervalles, des éclairs fulminants, tandis que les mugissements de la mer et la voix solennelle de la tempête répondaient aux éclats de la foudre. Quelque habitué qu'il fût au bruit du tonnerre et au formidable retentissement des flots en courroux, Marin se crut, dans le premier moment, livré à des puissances surnaturelles déchaînées pour le tourmenter. L'âme transportée au dessus des régions terrestres, sentant à peine la pluie dont ses haillons étaient inondés, il se mit à genoux sur le sable, et resta en prières jusqu'à ce que les premiers rayons de l'aube vinssent rendre aux objets leur forme et leur couleur.

Cependant, l'esprit toujours tourmenté de sa vision, que, dans la simplicité de son cœur, il attribuait aux maléfices du tentateur, Marin prit la résolution de s'expatrier, se figurant qu'en changeant de lieu il échapperait aux causes de ses terreurs. Il ne voulut pas toutefois quitter la Dalmatie sans faire part de sa vision et du dessein qu'elle lui avait suggéré à un pieux anachorète retiré dans les montagnes, et qui était, dans toute la contrée, l'objet d'une grande vénération.

Quand, après avoir traversé de profondes ravines, gravi des escarpements qui semblaient infranchissables, Marin se trouva en présence de l'ermite, il lui conta naïvement ce qui l'amenait auprès de lui. L'anachorète faisait en ce moment son frugal repas, composé de noisettes, de figues sèches et d'un morceau de gâteau de farine de maïs, cuit sous la cendre. Il en offrit une part au pauvre maçon, dont la nourriture, depuis plusieurs jours, consistait uniquement en ce que lui envoyait la grâce de Dieu. Quelque léger que fût ce réconfort, Marin en avait grand besoin.

Habitué à être journellement consulté par des pêcheurs qui venaient lui soumettre les cas qui jetaient du doute dans leur conscience, l'anachorète avait d'abord écouté le récit de Marin sans lui prêter une grande attention, d'autant plus que la posture humble, la voix soumise et l'air misérable du maçon n'avaient rien qui pût le faire sortir de son indifférence habituelle.

Cependant, ses yeux s'étant fixés sur le visage décoloré de son hôte, il crut le voir entouré d'une auréole lumineuse, et, cédant à une inspiration soudaine, comme si elle eût été l'effet d'une révélation, il s'agenouilla devant lui ; mais il se releva aussitôt, dans la crainte d'effaroucher la modestie de Marin ; celui-ci savait si peu à quoi attribuer ce brusque mouvement, qu'il n'en demanda pas même la cause. Tout entier aux préoccupations nées de la vision dont le souvenir récent l'effrayait encore, le maçon revint sans détour au sujet de sa visite, et consulta de nouveau l'ermite, afin de savoir s'il était dans la bonne voie pour échapper aux embûches du démon.

« Mon frère, lui dit l'anachorète, c'est toujours un grand sacrifice que de faire d'éternels adieux aux lieux qui nous ont vu naître ; que de se dire : Un long espace séparera ma tombe de mon berceau ; je ne respirerai plus l'air que j'ai respiré aux jours de mon enfance ; au lieu de visages connus, je ne verrai plus que des visages étrangers ; je n'entendrai plus parler la langue que je parle, et à laquelle mes oreilles se sont habituées ; mes pieds marcheront sur un sol inconnu, et mes yeux, en suivant le cours du soleil, ne le verront plus projeter dans la plaine l'ombre des mêmes montagnes. Que si pourtant, comme je le crois, la voix de Dieu a parlé à votre cœur, suivez ses inspirations ; abritez-vous dans la solitude contre les insidieuses tentations de l'ennemi des hommes. Mais quoi que vous fassiez, de quelque ombre que vous cherchiez à vous environner, s'il est dans les décrets de la divine Providence que vous soyez le fondateur d'un empire, vous le serez malgré vous et peut-être sans le savoir vous-même. Allez donc, mon frère, allez où le ciel guidera vos pas, et si vous croyez qu'il y va de votre salut, ne comptez pour rien le reste. »

Ainsi parla l'ermite ; ensuite il donna à Marin un bâton, une besace et une gourde, et le conduisit, par des sentiers à lui connus, jusqu'aux confins de sa montagne. Là, ils se séparèrent, après avoir échangé le baiser de paix.

Nous ne chercherons point à deviner quel dut être l'itinéraire que suivit Marin, sans autre guide que la Providence ; cependant, comme nous savons que, après une marche longue et pénible à travers des pays montueux et coupés de torrents, il arriva sur la rive de l'Adriatique qui regarde le soleil levant, nous avons lieu de supposer qu'il s'éloigna le moins possible des bords de la mer, et qu'il remonta vers le nord jusqu'au delà d'un groupe d'îles, alors inhabitées, perdues dans de noires lagunes, et où, moins de deux siècles après, les habitants de Padoue, pour se soustraire aux fureurs d'Attila, qui ravageait alors l'Italie, devaient chercher un refuge, et jeter les premiers fondements de la riche Venise.

Après qu'il eut tourné les îles et les lagunes, suivant toujours les côtes de l'Adriatique, Marin s'avança vers le sud, sans savoir précisément où il s'arrêterait. Pendant son voyage, des pêcheurs, des bûcherons lui avaient quelquefois donné l'hospitalité dans leurs cabanes ; autrement il n'avait eu pour gîte que la voûte du ciel ; dans le jour, quand il avait rencontré des lieux habités, le pain de la charité ne lui avait pas manqué, car ces siècles d'ignorance et de barbarie étaient aussi des siècles de charité, quoique dans certains lieux l'idolâtrie persécutât encore les chrétiens. Le paganisme marquait son agonie par des fureurs, ainsi que cela n'arrive que trop souvent aux tyrannies prêtes à succomber.

Conduit dans un de ces lieux où il avait cru fuir la présence des hommes, les yeux de Marin furent frappés d'un horrible spectacle ; il vit un homme étendu sur la croix, comme l'avait été Jésus-Christ. Ce n'était plus qu'un cadavre dont les oiseaux de proie se disputaient les lambeaux. Marin était seul. Son premier mouvement fut de prier Dieu pour l'âme du trépassé ; ensuite, sans autre secours que ses mains et son bâton, il parvint à rompre les courroies qui assujettissaient à la croix les membres du supplicié, en détacha son corps et le couvrit de terre et de gazon ; après quoi, ayant cueilli deux branches d'arbre, il les disposa en forme de croix et les plaça sur la terre qui recouvrait le cadavre. Quand il eut rempli ces pieux devoirs, Marin se disposa à reprendre sa route, ou plutôt à s'en frayer une à travers les terrains incultes et abandonnés, plus déterminé que jamais à éviter la présence des hommes, et à se concentrer tout entier dans l'amour de Dieu.

Malgré tous ses efforts pour en chasser le souvenir, sa première vision lui revenait quelquefois, et alors il se rappelait involontairement les paroles de l'anachorète.

Tout entier à l'opération qu'il venait d'achever, Marin n'avait pas entendu un bruit de pas qui s'était fait auprès de lui. Qu'on juge donc de sa stupéfaction lorsque s'étant retourné, il aperçut là, debout devant lui, deux femmes, dont l'une par sa beauté lui rappela l'ange de sa vision, si ce n'est qu'au lieu d'une robe blanche, elle portait des vêtements d'une couleur sombre. Ces deux femmes le regardaient les mains jointes; on voyait sur leurs lèvres l'expression d'un sourire de reconnaissance, qui contrastait singulièrement avec les larmes qui tombaient de leurs yeux et les sanglots qu'elles s'efforçaient de retenir, comme si elles eussent eu peur d'être entendues. L'une d'elles cependant adressa à voix basse quelques paroles à Marin ; de son côté, il voulut lui répondre, mais ne parlant point le même langage, ils n'auraient pu s'entendre, sans un échange simultané du signe de la croix. Sans ce signe, auquel se reconnaissaient alors les chrétiens de tous les pays, Marin serait infailliblement retombé dans ses premières terreurs. Voyant qu'elles ne pouvaient se faire comprendre, les deux femmes, par des gestes significatifs, l'engagèrent à les suivre et lui présentèrent une bourse remplie de pièces de monnaie; mais, toujours en garde contre tout ce qui pouvait ressembler à une tentation, le pauvre maçon les quitta brusquement et disparut dans un bois touffu de coudriers et de prunelliers sauvages.

Quelles qu'aient été les précautions que prît Marin pour ne point retomber dans des lieux fréquentés, il se trouva, après quatre jours de marche, aux portes d'une ville s'élevant en amphithéâtre au dessus d'un port spacieux, dont la construction remonte à l'empereur Trajan. Pour la dernière fois, il succomba à la curiosité de voir encore une réunion d'hommes, pensant qu'il se dissimulerait aisément dans la foule. Il entra donc dans la ville et pénétra jusqu'au port. Il y remarqua des trirèmes, sans que ces bâtiments, d'une dimension plus grande que ceux qu'il avait vus jusque-là , fixassent son attention ; mais il n'en fut pas de même quand il eut aperçu quelques bateaux dalmates, qu'il reconnut au costume des matelots. Ce souvenir du pays natal n'arriva pas à son cœur sans y produire une vive émotion, mais il la chassa aussitôt comme une mauvaise pensée, et s'enfuit plutôt qu'il ne sortit de la ville, où il ne rentra plus.

Le lendemain et les jours suivants, Marin se mit à explorer les montagnes arides qui dominent le littoral, à quelques lieues à l'occident, entre Pesaro et Rimini. Après avoir longtemps cherché, il trouva enfin, sur le sommet d'une crète, une espèce de plateau, en apparence inaccesible, séjour habituel des vents, et où les neiges agglomérées pendant l'hiver ne fondent pas toujours durant l'été. Ce fut là que Marin résolut de choisir un lieu de retraite où rien ne pourrait le distraire du soin de son salut. Comme il n'y avait pas d'eau dans ce désert, surmontant un mamelon de cinq à six lieues de circonférence à sa base, il en conclut que personne ne songerait à s'y établir, et que, par conséquent, sa solitude ne serait point troublée.

Apparemment Marin en avait fait la remarque ; mais il est bien certain que les hommes érigent d'ordinaire leurs habitations là seulement où il y a de l'eau. On compte en effet très peu de villes qui ne soient pas assises sur les bords d'un fleuve ou d'une rivière. On pourrait cependant en citer deux exceptions, dont le rapprochement, pris aux deux extrêmes de l'orgueil et de l'humilité, nous semble assez curieux : à Versailles, Louis XIV voulut dompter la nature dans un lieu dépourvu d'eau ; il y entassa les trésors de la France. Le pauvre maçon dalmate, lui aussi, avait fait choix d'un site sans eau pour y cacher sa demeure. Que sont devenues les splendeurs du règne de Louis XIV ? La république de Saint-Marin est encore debout après plus de quinze siècles, et elle n'a pas vu moins d'empires s'écrouler autour d'elle, que le mont Gargan n'a vu d'orages se briser contre ses flancs.

Ayant donc bien fixé le lieu de sa retraite, Marin s'y construisit une cabane solitaire. Mais bientôt l'Église chrétienne n'étant plus en butte aux persécutions des païens, les fidèles purent se vouer sans obstacle à leurs actes de dévotion. On parla du pauvre maçon dalmate, de sa vie pieuse et édifiante, et les dévots des environs vinrent en foule se recommander à ses prières. On voulut le voir, l'entendre, et l'empressement devint d'autant plus grand, que lui-même il avait pris plus de précautions pour cacher sa vie.

La montagne qu'habitait Marin devint, en peu de temps, un but de pèlerinage ; beaucoup de malades s'y rendirent ; et comme la plupart d'entre eux en revenaient guéris ou mieux portants, on ne manqua pas d'attribuer leur guérison ou l'amélioration de leur santé à l'influence du saint personnage ; la crédulité du temps aima mieux lui attribuer le don de miracle, que de voir là l'effet salutaire d'un exercice forcé et de l'air des montagnes. S'il n'avait jamais existé d'autres superstitions, ce n'est pas nous qui voudrions détruire celle-ci.

A la mort de Marin, sa renommée était déjà si grande et si bien établie dans toutes les parties de l'Italie, que le peuple le canonisa tout d'une voix, devançant ainsi les formalités ordinaires du Saint-Siège, qui n'eut plus qu'à sanctionner cette autre voix de Dieu.

La montagne où s'était retiré Marin, devenu saint Marin, comme nous venons de le dire, appartenait à une princesse dont nous avons vainement cherché le nom. Peut-être n'était-elle pas étrangère aux deux femmes que nous avons vues auprès de lui quand il eut rendu les honneurs de la sépulture au corps d'un crucifié. Quoi qu'il en soit de nos conjectures, quelque temps avant la mort de Marin, la princesse en question lui avait fait donation de la montagne, et ainsi commença à s'accomplir la prédiction de la vision qui l'avait si fort troublé. On lui érigea un tombeau à l'endroit même où s'élevait sa modeste cabane, et ce tombeau n'étant pas moins efficace pour la guérison des malades que ne l'avait été Marin lui-même de son vivant, le concours des pèlerins devint encore beaucoup plus nombreux après sa mort. Bientôt, afin d'être plus à portée d'invoquer l'intercession de saint Marin, on éleva autour de son tombeau de modestes cabanes ; successivement ces cabanes furent transformées en maisons ; le nombre en augmenta en raison du nombre toujours croissant des pèlerins devenus sédentaires. Leur agglomération forma un village, puis un bourg, puis une ville. Cette ville se donna des lois, se forma en république, et ainsi acheva de s'accomplir la prédiction.

Chose vraiment admirable ! Tandis que dans tant de grands États, la machine législative, quelle qu'en soit la forme, fonctionne toujours et ne fabrique si souvent des lois que pour se ménager le plaisir de les repétrir, les habitants de la république de Saint-Marin ont conservé leur législation dans toute sa pureté primitive. Les orages politiques ont grondé autour d'elle sans l'atteindre ; sa faiblesse a fait sa force ; ni le fléau de Dieu, ni Alaric, ni Bélisaire, ni l'eunuque Narsès, ni Charlemagne, ni Frédéric Barberousse, ni les autres conquérants de l'Italie ne l'ont heurtée à leur passage. Enfin nous dirons bientôt comment Napoléon la prit sous sa sauvegarde.

Quelle qu'ait été toutefois la sécurité qu'une longue expérience ait dû inspirer à la république de Saint-Marin au milieu des troubles qui désolèrent l'Italie, elle ne se montra pas dénuée du sentiment de conservation au point de ne jamais organiser aucun moyen de défense. La sagesse économique de son organisation financière lui permit, au commencement et à la fin du XIe siècle, de faire l'acquisition de deux portions de terrain, où elle fit ériger deux forteresses. Ce ne fut pas tout. Comme nous l'avons dit, sa sagesse fut une fois sur le point de succomber devant la manie des conquêtes ; il y eut même un commencement d'exécution. Elle s'était emparée de la moitié d'une montagne voisine ; mais, à la première réclamation, elle eut hâte de se désister de ses prétentions envahissantes.

Voilà où se borne l'histoire des guerres de la république de Saint-Marin. Avant de faire connaître sa constitution intérieure, complétons le chapitre de ses relations extérieures, en disant quelques mots de sa diplomatie.

Quoiqu'elle fût l'alliée de tout le monde, la république de Saint-Marin n'entretenait de relations habituelles avec personne. Ce ne fut donc qu'accidentellement et à de longs intervalles qu'elle eut des rapports officiels avec ses voisins. Elle en eut plus particulièrement avec Venise ; et, comme elle était très forte sur le protocole, elle ne manquait point de formuler ainsi la suscription de ses dépêches : « A notre chere sœur, la sérénissime république de Venise. » Espérons que la sérénissime république de Venise, plus jeune d'un siècle et demi que sa sœur de Saint-Marin, et redevenue république après cinquante ans d'interruption, se sera empressée de renouer, avec son aînée, des liens de bon accord et de bonne amitié.

Quand la république de Saint-Marin était dans la nécessité, ce qui lui arriva très-rarement, d'accréditer auprès de ses voisins des ambassadeurs, ceux-ci n'éblouissaient point les peuples par leur faste ; la république leur allouait à chacun vingt-quatre sous par jour. N'était-ce pas là la véritable réalisation de cette utopie fallacieuse, après laquelle on court toujours sans l'atteindre jamais, un gouvernement à bon marché.

Le gouvernement de la république de Saint Marin a, depuis bien des siècles, résolu le problème d'une représentation nationale qui n'a rien de fictif. Elle a deux conseils. L'un, appelé le grand conseil, se compose d'un représentant par chaque maison ; l'autre, appelé par extension le conseil des soixante, puisqu'il ne compte que quarante membres, est formé de vingt citoyens et de vingt nobles, car il y a une noblesse à Saint-Marin, mais sans que jamais elle ait porté ombrage aux susceptibilités populaires. Il faut dire que dans la république de Saint-Marin il n'y a pas d'avocats, et nous ne serions pas surpris que l'on regardât cette circonstance comme une des causes de sa stabilité.

Le conseil des soixante a pour principale attribution la nomination de deux magistrats, qui prennent le nom de capitaines. La majorité du conseil des soixante se forme des deux tiers des voix ; outre les deux capitaines, il y a un troisième officier supérieur ayant le titre de commissaire de la république. Le commissaire et les deux capitaines jugent conjointement toutes les affaires civiles ou criminelles.

Ici, nous ne saurions trop admirer la sagesse des statuts sur lesquels repose le gouvernement de Saint-Marin. Prévoyant le cas où des ambitieux, soutenus par un parti, auraient voulu se perpétuer dans la charge de commissaire, celle dont les attributions sont le plus étendues, la loi a déterminé que les fonctions en seraient confiées à un étranger à la solde de la république. Le commissaire doit avoir au moins trente-cinq ans ; faute d'un jour, son élection serait annulée, car, à Saint-Marin, on ne transige point avec la loi. Il faut, en outre, qu'il soit docteur en droit ; quant à la durée de ses fonctions, elle est invariablement fixée à trois ans, à l'expiration desquels il ne peut être réélu.

Il en est de même pour le médecin de la république ; elle le fait venir du dehors et l'entretient à ses frais, mais elle le change tous les trois ans ; elle n'a pas voulu laisser s'impatroniser dans son sein des hommes qui, par leurs fonctions et leurs services, auraient pu acquérir une trop grande influence sur l'esprit de ses habitants.

Pendant la grande campagne d'Italie, qui immortalisa le nom de Bonaparte, la république de Saint-Marin, isolée au milieu du théâtre de la guerre, ne fut point inquiétée, mais plus tard elle courut un danger réel, et son existence fut sérieusement menacée. L'empereur venait de s'emparer des États de l'Église ; dans le partage qui en fut fait entre l'Empire et le royaume d'Italie, la Marche d'Ancône, dans laquelle est enclavée la république de Saint-Marin, fut dévolue au royaume d'Italie. Elle allait donc avec ses six mille habitants, elle la doyenne des États de l'Europe, devenir peut-être un simple chef-lieu de canton, lorsque M. de Marescalchi, ministre des affaires étrangères du royaume d'Italie, mais résidant auprès de l'empereur, eut l'idée de consulter Napoléon sur ce qu'il fallait en faire.

« Ma foi! répondit très gaîment l'empereur, il n'y a qu'à
» la conserver, ne fût-ce que comme un échantillon de répu-
» blique. »